Sabrina Breuer

Alice Salomon und ihre Bedeutung für die so.

C000052119

GRIN - Verlag für akademische Texte

Der GRIN Verlag mit Sitz in München hat sich seit der Gründung im Jahr 1998 auf die Veröffentlichung akademischer Texte spezialisiert.

Die Verlagswebseite www.grin.com ist für Studenten, Hochschullehrer und andere Akademiker die ideale Plattform, ihre Fachtexte, Studienarbeiten, Abschlussarbeiten oder Dissertationen einem breiten Publikum zu präsentieren.

Sabrina Breuer

Alice Salomon und ihre Bedeutung für die soziale Arbeit

GRIN Verlag

Bibliografische Information der Deutschen Nationalbibliothek: Die Deutsche Bibliothek
verzeichnet diese Publikation in der Deutschen Nationalbibliografie; detaillierte bibliografische Daten sind im Internet über http://dnb.d-nb.de/ abrufbar.

1. Auflage 2004
Copyright © 2004 GRIN Verlag
http://www.grin.com/
Druck und Bindung: Books on Demand GmbH, Norderstedt Germany
ISBN 978-3-638-92565-5

Katholische Fachhochschule Nordrhein-Westfahlen, Abteilung Aachen

Hausarbeit im Fachbereich
Soziale Arbeit

Alice Salomon und ihre Bedeutung
für die soziale Arbeit

vorgelegt von: Sabrina Breuer, 2.Sem.

Seminar: Einführung in die Soziale Arbeit

Inhaltsverzeichnis

1. EINLEITUNG... 3

2. BIOGRAPHIE...
  2.1 KINDHEIT UND JUGEND.. 3
  2.2 DER WENDEPUNKT... 4
  2.3 STUDIUM UND PROMOTION... 5
  2.4 SOZIALE FRAUENSCHULE UND INTERNATIONALES
    ENGAGEMENT IM „INTERNATIONAL COUNCIL OF WOMAN".............. 6
  2.5 AUSWEISUNG AUS DEUTSCHLAND UND EINSAMES LEBENSENDE 8

3. THEORETISCHE GEDANKEN ALICE SALOMONS ZUR SOZIALEN ARBEIT... 9
  3.1 ALICE SALOMONS BEGRIFF VON „SOZIALER ARBEIT"...................... 9
  3.2 SOZIALE AUSBILDUNG.. 10

4. AKTUELLER BEZUG ZUR SOZIALEN ARBEIT..................................... 12

5. FAZIT.. 13

LITERATURVERZEICHNIS.. 15

1. Einleitung

Alice Salomon, Begründerin des sozialen Frauenberufs in Deutschland und Pionierin in der Professionalisierung der Ausbildung zur Sozialarbeit, ist heute schon fast in Vergessenheit geraten. Sie ist eine der Führenden Personen der deutschen Frauenbewegung ihrer Zeit gewesen. Sie genoss großes internationales Ansehen und war eine der ersten Frauen in Deutschland, die promovierte. Wie viele andere wichtige Soziologinnen kennt sie heute kaum noch einer obwohl im Jahr 1993, 45 Jahre nach ihrem Tod, die Berliner Fachhochschule für Sozialarbeit und Sozialpädagogik in „Alice Salomon Fachhochschule" umbenannt wurde.

Im Folgenden werde ich mich mit Alice Salomons Leben und ihrer Bedeutung für die Soziale Arbeit beschäftigen.

2. Biographie

2.1 Kindheit und Jugend

Alice Salomon wird am 19. April 1872 in Berlin geboren. Ihr Vater, Albert Salomon, ist ein wohlhabender Kaufmann. Da er viel auf Reisen ist, liegt die Erziehung im Wesentlichen bei der Mutter. Sie heißt Anna Salomon, geborene Potocky-Nelken. Ein Vorfahre ihrerseits ist zum Judentum übergetreten und da die Familie die jüdische Tradition weitergeführt hat, ist auch Alice Salomon als Jüdin geboren. Sie wächst mit vier Geschwistern, von denen einer stirbt als sie acht ist, in einem eigenen Haus in Berlin auf. Kurz vor ihrem sechsten Lebensjahr wird sie in eine christliche „ Höhere-Töchter-Schule" eingeschult. Die Eltern vereinbaren mit den Lehrern, dass die Kinder nur so lange am Religionsunterricht teilnehmen sollen, wie das alte Testament besprochen wird, was allerdings nicht berücksichtigt wird. - Dies wird für ihr späteres Leben von hoher Bedeutung sein-.

Als Alice Zehn Jahre alt ist wird nochmals ein Versuch der Eltern unternommen sie zum jüdischen Glauben zu bekehren, dies scheitert. Vier Jahre später stirbt der Vater mit 53 Jahren an einer verschleppten Brustfellentzündung. Aus finanziellen Gründen muss die Familie danach in eine kleinere Mietswohnung ziehen.

Mit 15 beendet Alice Salomon die Schule. Die Zeit zwischen ihrem 15. und 20. Lebensjahr bezeichnet sie als „die unglücklichste ihres Lebens"[1], sie scheint aber auch entscheidend für ihre spätere Laufbahn zu sein.

Die Erfahrung des unnützen Wartens verbindet sie mit einer ganzen Generation junger Mädchen. Rückblickend charakterisiert Salomon den Tätigkeitsbereich folgendermaßen: Man „fütterte Kanarienvögel, begoß Blumentöpfe, stickte Tablettdeckchen, spielte Klavier und ‚wartete'."[2] Das einzige, was für sie jetzt in Frage kommt, ist die Vorbereitung auf den Lehrerinnenberuf, doch ihre Familie stellt sich gegen sie. Was sie am tiefsten quält ist ihr Suchen nach dem Sinn des Lebens.[3]

Durch den Tod einer Schwester von Alice verliert die Mutter den Lebensmut und Alice fühlt sich von nun an für sie verantwortlich.

2.2 Der Wendepunkt

Aus dieser unglücklichen Zeit der Tatenlosigkeit und inneren Leere wird Alice Salomon befreit als sie 21 Jahre alt ist. Im Dezember 1893 bekommt sie, wie viele Frauen ihres Wohnbezirks, eine Einladung zur Gründungsversammlung der „Mädchen und Frauengruppe für soziale Hilfsarbeit". Die bürgerlichen Frauen und Mädchen sollen ehrenamtlich unter fachlicher Anleitung soziale Hilfsarbeit leisten, die durch theoretische Ausbildung, Vorträge über Wohlfahrtspflege und Staatsbürgerkunde, ergänzt wird. Alice Salomons erste soziale Tätigkeit liegt in der Hilfe und Betreuung von einem Mädchenhort, danach macht sie Hausbesuche bei Menschen, die einen Unterstützungsantrag bei der „Auskunftsstelle für Wohlfahrtsanstalten" gestellt haben.

---

[1] Salomon 1928, S. 6, in Berger S. 18
[2] Salomon 1913, S. 3, in Kuhlmann 2000 S. 52
[3] Vgl. Muthesius 1958, S. 18

Das größte Elend sieht Alice Salomon unter den Heimarbeiterinnen. Durch die Einblicke in andere Lebensumstände verändert sich Ihr Leben „radikal"[4].

Jeanette Schwerin, Vorsitzende der Mädchen- und Frauengruppen wird für Alice zur mütterlichen Mentorin, die sie antreibt sich zu bilden und sie in Kontakt mit der nationalen und internationalen Frauenbewegung bringt. Bei ihr bekommt sie die Anerkennung für ihre Arbeit, die sie bei ihrer Mutter vermisst. Alice Salomon wird Frau Schwerins rechte Hand und schließlich zur Schriftführerin der Gruppen ernannt.

1898 hält Alice ihre Jungfernrede und wird von nun an als ein wertvolles Mitglied der deutschen Frauenbewegung geschätzt.[5] Als Jaenette Schwerin 1898 wegen einer Erkrankung nicht zum Treffen des BDF (Bund der deutschen Frauenvereine) fahren kann, vertritt sie Alice Salomon.

Alice bildet drei wesentliche Interessenschwerpunkte: die praktische soziale Arbeit, die Frauenbewegung und die internationale Arbeit. Sie weitet ihre Arbeit immer mehr aus und gründete 1898 zusammen mit Freundinnen das erste Berliner Clubheim für Fabrikarbeiterinnen. Nach dem Tod von Jaenette Schwerin im Jahr 1899 wird sie Vorsitzende der Berliner Gruppen. Im selben Jahr eröffnet Sie den ersten Jahreskurs für „ehrenamtliche Berufsarbeit in der Wohlfahrtspflege" und legt somit den Grundstein der beruflichen Sozialarbeit.

1900 wird Alice Salomon schließlich jüngstes Mitglied des Vorstandes des Bundes deutscher Frauenvereine und später Stellvertretende Vorsitzende bis 1920.

2.3 Studium und Promotion

Auf einer Doktorfeier zu Ehren der Promotion ihrer Freundin Elisabeth Freiin Richthofen, eine der ersten promovierten Frauen Deutschlands, bestärkt Professor Max Sering sie einen Antrag auf Zulassung zum Gaststudium zu stellen, denn in Preußen wurden Frauen erst 1908 offiziell zum Studium zugelassen.[6]

---

[4] Kuhlmann 2000, S. 59
[5] Vgl. Muthesius 1958, S. 29
[6] Vgl. Kuhlmann 2000, S. 92

Im Sommersemester 1902 schreibt sich Alice Salomon schließlich für die Fächer Nationalökonomie und Sozialwissenschaften an der Friedrich- Wilhelm- Universität in Berlin ein.

Die Nationalökonomie zu dieser Zeit wird als eine Disziplin, „die sich mit soziologischen Methoden der sozialen Frage annahm"[7] bezeichnet. „Nach Elisabeth Gnauk-Kühne konnte die nationalökonomische Wissenschaft damals geradezu als „Fachausbildung für die soziale Arbeit" bezeichnet werden."[8]

Die Gebühren für ihr Studium verdient sich Alice Salomon mit Volkswirtschaftlichem Unterricht und durch eigene Publikationen.

Im dritten Semester schreibt sie eine Seminararbeit über die „Böhm- Bawerksche Grenz-Nutztheorie" für Professor Adolf Wagner. Der ist so beeindruckt, dass er sie bittet diese These in einer Dissertation weiter auszuführen.

Obwohl namenhafte Professoren wie Sering, Schmoller, Wagner und Weber sich für sie einsetzen, wird sie erst nach zweimaliger Ablehnung des Antrages am 5. März 1906 zur mündlichen Doktorprüfung zugelassen und promoviert zum Dr. der Philosophie.

Allerdings schlägt sie danach keine wissenschaftliche Laufbahn ein, sondern erfüllt sich ihren Traum Lehrerin zu werden. Sie unterrichtet an weiblichen Fachhochschulen Volkswirtschaft und später an der sozialen Frauenschule.

2.4 Soziale Frauenschule und internationales Engagement
im „International Council of Woman"

Im August 1908 werden die „Bestimmungen über die Neuordnung des Höheren Mädchenschulwesens in Preußen nebst Bestimmungen über die Zulassung der Frauen zum Universitätsstudium"[9] erlassen.

Am 15. Oktober 1908 eröffnet Alice Salomon die Soziale Frauenschule in Berlin-Schöneberg, wird deren Leiterin und unterrichtet dort unter anderem

---

[7] Vgl. Kuhlmann 2000, S. 95
[8] Kuhlmann 2000, S. 95
[9] Kuhlmann 2000, S. 95

Volkswirtschaftslehre. Noch heute existiert diese Schule als Fachhochschule für Sozialarbeit und Sozialpädagogik und heißt seit 1993 wieder „Alice- Salomon-Fachhochschule".

Schnell wird die Schule Vorbild für ähnliche Gründungen. Bereits 1912 existieren ca. 12 solcher Ausbildungsstätten und Alice Salomons Beraterfunktion wird in diesem Zusammenhang sehr geschätzt. Parallel mit der Leitung der sozialen Frauenschule, wird sie auf Veranlassung von Lady Aberdeen 1909, ehrenamtliche Schriftführerin im internationalen Frauenbund und begeht ihre erste Reise in die USA.

Lady Aberdeen, die sie schon 1904 kennen gelernt hatte, wird für sie zur neuen mütterlichen Mentorin. Alice besucht sie mehrmals in Schottland, wo sie auch 1914, nach dem Tod ihrer Mutter, in einer irischen Gemeinde zum Christentum konvertiert.

In Schottland wird sie vom ersten Weltkrieg überrascht und kann erst sechs Wochen später heimkehren. Während des Krieges leitet sie die Frauenabteilung in einem der neu geschaffenen Kriegsämter, was für sie als überzeugte Pazifistin und Humanistin sicherlich nicht einfach war.[10]

1917 wird Alice Salomon Vorsitzende der von ihr ins Leben gerufene „Konferenz sozialer Frauenschulen Deutschlands".

Nachdem Sie 1919 nicht zur Vorsitzenden des BDF gewählt wird, kühlt sich ihr Verhältnis zu diesem 1920 vollends ab und sie tritt aus. Von 1920 bis 1933 ist sie Vizepräsidentin des International Concil of Women (ICW).

1925 übergibt sie aufgrund ihrer schlechten Gesundheit ihre Aufgaben als Leiterin der von ihr gegründeten Schule an Charlotte Dietrich. Im gleichen Jahr gründet Alice Salomon die „Deutsche Akademie für soziale und pädagogische Frauenarbeit" in Berlin.

1929 ist die Gründung des „internationalen Komitees Sozialer Schulen", dessen Vorsitzende Alice Salomon wird.

Im Jahr 1932 feiert Sie ihren 60. Geburtstag und der Dekan der medizinischen Fakultät der Friedrich- Wilhelm- Universität zeichnet sie mit der Ehrendoktorwürde aus.

Außerdem findet eine Ehrung durch das preußische Staatsministerium mit der

---

[10] Vgl. Kuhlmann 2000, S. 141

„silbernen Staatsmedaille" und die Umbenennung der Sozialen Frauenschule in „Alice-Salomon- Schule für Sozialarbeit" statt.

2.5 Ausweisung aus Deutschland und einsames Lebensende

Nach der Machtübernahme der Nationalsozialisten 1933 verliert Alice Salomon aufgrund ihrer jüdischen Herkunft alle ihre öffentlichen Ämter in Deutschland. Die Akademie wird aufgelöst und es werden keine Artikel mehr von ihr in deutschen Zeitschriften gedruckt. Alice Salomon arbeitet von nun an in einem Hilfskomitee für jüdische Emigrantinnen. Nach diversen kurzen Auslandsaufenthalte, u. a. in England und den USA, wird sie im Mai 1937 von der Gestapo wegen ihrer Auslandsaufenthalte verhört und aufgefordert innerhalb von drei Wochen Deutschland zu verlassen. Sie emigriert über England in die USA, darf allerdings aus Deutschland nur ca. 14 % ihres Vermögens mitnehmen. Zwei Jahre später, 1939, wird ihr die deutsche Staatsbürgerschaft aberkannt und der Doktortitel entzogen. Die amerikanische Staatsbürgerschaft erwirbt sie erst im Jahr 1944. All ihre Bemühungen wieder Arbeit zu finden, sind erfolglos. 1945 erinnert man sich noch einmal an Alice Salomon und ernennt sie zur Ehrenpräsidentin des Internationalen Frauenbundes und der Internationalen Vereinigung der Schulen für Sozialarbeit.

Am 30. August 1948 stirbt Alice Salomon mit 76 Jahren in ihrer Wohnung in New York.

3. Theoretische Gedanken Alice Salomons zur Sozialen Arbeit.

Ausgehend von Alice Salomons eigenen Erfahrungen während ihrer Arbeit im Hort, bei Hausbesuchen und ihren Vorstellungen über die Gesellschaft, entsteht ihre Auffassung von den Aufgaben, Wegen und der Ausbildung in der Sozialen Arbeit.
Diese Auffassung passt sich allerdings den sich verändernden gesellschaftlichen Bedingungen an.

3.1 Alice Salomons Begriff von „Sozialer Arbeit"

Der Begriff „soziale Arbeit" wird schon um die Jahrhundertwende von Alice Salomon benutzt. Zunächst setzt sie oft die „soziale Hilfstätigkeit" gleich, bis Ende des ersten Weltkrieges „Soziale Arbeit" - hier mit großem „S"- sich als Oberbegriff für Sozialpädagogik und Sozialarbeit durchsetzt.[11]
Salomon versteht unter diesem Bereich die „Armenpflege, Krankenpflege, Jugendfürsorge, Gefangenenpflege, Volksbildungs- und Arbeiterinnenschutzbestrebungen"[12]. Allerdings setzt sie sich von Anfang an auch mit Abgrenzungen gegenüber „Caritas" und „Wohltätigkeit" auseinander. Dies hat zur Folge, dass sich ihre Definition von „Sozialer Arbeit" mehrfach ändert. Schon früh bedeutet für Alice Salomon der Begriff „soziale Arbeit", sich gleichzeitig die Frage nach den Ursachen von Verarmung, Krankheit oder mangelnder Bildung und deren Beseitigung zu stellen.[13]
Diese Ursachenforschung bedingt auch eine Änderung im Vokabular Alice Salomons ab 1925, wo sie die Bezeichnung „Hilfsbedürftige" oder „Arme" durch „Klient" ersetzt.

Sie erklärt dazu:

> „Der Ausdruck ‚Klient' wird in folgendem für die Rat oder Hilfe empfangenden
> Personen gebraucht, da die früher übliche Bezeichnung: „Bittsteller,

---

[11] Vgl. Kuhlmann 2000, S. 237
[12] Salomon 1902, S. 16f., in Kuhlmann 2000, S. 238
[13] Vgl. Kuhlmann 2000, S. 238

Hilfsbedürftige" bei den veränderten Aufgaben der Wohlfahrtspflege vielfach nicht zutrifft; ..."[14]

Wohlfahrtspflege (Gesundheitsfürsorge, Jugendwohlfahrt, etc.) hingegen bezeichnet für Sie das Arbeitsfeld, in dem ein Teil der sozialen Arbeit stattfindet. Für Alice Salomon ist es wichtig, dass in jedem Fall die Verknüpfung von gesellschaftlichen und individuell bedingten Ursachen im Einzelfall gesehen werden; und dass ohne eine Perspektive auf umfassende soziale Gerechtigkeit soziale Arbeit keinen Sinn hat.

Soziale Arbeit ist nicht nur Erkennen, sondern auf Handeln gerichtet; sie soll Änderungen herbeiführen.

Sie grenzt sich auch zu den, in den 20er Jahren verstärkt aufkommenden sozialpädagogischen Bestrebungen ab, indem sie 1928 erklärt:

„Fürsorge ist nicht Pädagogik. Aber sie enthält auch pädagogische Aufgaben, neben wirtschaftlichen und gesundheitlichen und all den anderen, die der Förderung der Wohlfahrt der Menschen dienen,..."[15]

Doch trotz einer gewissen Annäherung an die Sozialpädagogik, bleibt Alice Salomons Hauptinteresse immer die Soziale Arbeit. Sie meint nur in diesem Begriff eine gesicherte Verbindung von den gesellschaftlichen und individuellen Gründen sozialer Probleme im Einzelfall erkennen zu können.

3.2 Soziale Ausbildung

Seit der Einrichtung der ersten sozialen Frauenschule 1908 beschäftigt sich Alice Salomon immer wieder mit der Ausbildung zum sozialen Beruf. 1927 schreibt sie sogar ein Buch mit dem Titel „Die Ausbildung zum sozialen Beruf".

Sie legt besonderen Wert auf eine intensive praktische Anleitung der Schülerinnen, sowie einer parallel laufenden theoretischen Ausbildung. Sozialwissenschaftliche Grundlagen

---

[14] Kuhlmann 2000, S. 241
[15] Kuhlmann 2000, S. 243

sind ihr enorm wichtig. Denn idealistische Motivation allein reicht nicht aus, um qualifizierte soziale Arbeit zu leisten. Ihrer Meinung nach kann auf Dauer keiner den Beruf ausüben, der nicht durch die „soziale Idee"[16] motiviert ist.

Die Aufgabe der Lehrkräfte soll darin liegen, die Erfahrungen der Praxis zu einer Theorie zu gestalten, die anderen vermittelt werden kann. Auch in die Note soll „die Praxis" mit einbezogen werden.

Alice Salomon hat im Laufe der Zeit ihre Unterrichtspläne immer wieder veränderten Gegebenheiten angepasst und spezifiziert.

Sie entwickelt eigene Ausbildungsmethoden, wobei sie besonderen Wert auf „aktive Mitgestaltung"[17] legt. So vergleicht sie auch bei diversen Auslandaufenthalten und Kongressen die Ausbildung in Deutschland mit der in anderen Ländern. Somit stellt sich 1929 die Frage, ob die Ausbildung nicht an Universitäten oder andere Hochschulen angegliedert werden sollte, wie es in anderen Ländern bereits üblich ist.

Schon in den 20er Jahren wird mehrfach der Versuch unternommen eine Universität für die Ausbildung im sozialen Beruf zu errichten. Dies betrachtet Salomon dort jedoch sehr kritisch.

> „Salomon hielt es für charakteristisch, daß der erste Versuch zu sozialer Ausbildung nicht „von pädagogischen oder wissenschaftlichen Kreisen ausging, daß die Anregung nicht von Universitäten … kam, sondern von Männern und Frauen der sozialen Praxis aus dem von ihnen beobachteten und vorausgeschauten Bedürfnis."[18]

Für Alice Salomon soll die soziale Arbeit „die äußeren Umstände gestalten helfen (…) und die innere Entwicklung der Menschen beeinflussen."[19]

In diesem Zusammenhang denkt sie auch über die spezifischen Methoden sozialer Arbeit nach, die unverzichtbar sind, um das Problem als Ganzes sehen zu können.

---

[16] Kuhlmann 2000, S. 312
[17] vgl. Kuhlmann 2000, S. 314
[18] Salomon 1917, S. 58, in Kuhlmann 2000, S. 317
[19] Salomon 1929, in Muthesius 1958, S. 243

11

4. Aktueller Bezug zur Sozialen Arbeit

Einige Theorien Alice Salomons erkennt man auch heute, 56 Jahre nach ihrem Tod, in der Sozialen Arbeit wieder. Dies zeigt, dass ihre Arbeit für die Entwicklung nachhaltig von großer Bedeutung ist.

Alice Salomons Engagement für die Ausbildung der Sozialen Arbeit hat heute wohl die größte Relevanz. Sie hat die schulische Grundlage der sozialen Tätigkeiten geschaffen. Die Damals entwickelten Ausbildungsmerkmale haben in ihren Grundzügen heute noch bestand. Einer der wichtigsten Merkmale ist die Einbeziehung von Theorie und Praxis. Heute ist man so weit, dass ganze „Praxissemester" angeboten werden. Auf diese Weise ist es möglich flexibel auf sozialem Wandel und neue Praxisanforderungen zu reagieren und diese fortlaufend in Lehre und Forschung zu reflektieren.

Alice Salomon ist die erste Protagonistin[20] einer feministischen Theorie Sozialer Arbeit. Durch ihren Einsatz haben Frauen heute die Möglichkeit eines Studiums. Es werden sogar spezielle Studiengänge für Frauen angeboten. Diese haben deutlich attraktivere Vorlesungszeiten, so dass die Frauen auch weiterhin Zeit für ihre Familie haben. Alice Salomon ist es auch zu verdanken, dass die heutige Sozialpädagogin bzw. Sozialarbeiterin eine Entlohnung erhält und ihre Arbeit nicht mehr als „Liebesarbeit"[21] bezeichnet wird.

Bezüglich des Sozialen Arbeitens zeigen sich zu „früher" einige Parallelen.

Alice Salomons Aussage, dass der „Stärkere" dem „Schwächeren" helfen soll, ist in der heutigen Sozialen Arbeit schon fast ein „Leitsatz". Der „Stärkere" wird hier mit dem Sozialarbeiter/Pädagoge und der „Schwächere" mit dem Klienten verglichen.

Letztendlich ist zusagen, dass viele theoretische Ansatze in der heutigen Sozialen Arbeit wieder zu finden sind, wenn auch teilweise verändert bzw. ausgeweitet.

---

[20] Vorkämpferin
[21] Vgl. Kuhlmann 2000, S. 291

5. Fazit

Zusammenfassend möchte ich bemerken, dass es mir bewundernswert erscheint, was Alice Salomon in ihrem Leben bewerkstelligt und erreicht hat, von dem soziale Berufe heute noch zehren.

Herausstechend ist Alice Salomons soziales Engagement. Niemals geht es ihr nur um die Frauenemanzipation oder um reine Bedürfnisbefriedigung, sondern um allgemeine Gerechtigkeit zwischen Armen und Reichen und zwischen Männern und Frauen. Dieses Ziel kann für sie nur über Grenzen der Nationen hinaus erreicht werden. Dieser Gedanke ist heute wichtiger denn je, denn im Zuge der Globalisierung sind die sozialen Probleme nicht kleiner geworden.

Weiterhin hat Alice Salomon die schulische Grundlage zu einer Professionalisierung sozialer Arbeit geschaffen, indem sie 1908 die soziale Frauenschule gründet und die Sozialwissenschaften in die Ausbildung integriert.

Grundsätzlich lassen sich im Lebenswerk Alice Salomons zwei Schwerpunkte erkennen: die Definition und „operative" bzw. prozessuale Beschreibung der sozialen Arbeit einerseits, sowie die Veränderung der Gesellschaft andererseits.

In der sozialen Arbeit löst sich Alice Salomon von dem prä-industriellen Gedanken der Wohltätigkeit. Not zu lindern, ohne die Ursachen von Not und sozialem Missstand zu beseitigen, ist für sie nicht zielorientiert.

Dagegen setzt sie den Begriff der „sozialen Hilfstätigkeit", in der das Hilfesuchende und – empfangende Individuum vom Almosenempfänger zum Klient wird.

Das Prinzip des „Förderns und Forderns", in jüngster Zeit als Instrument zur Bekämpfung der Massenarbeitslosigkeit wieder entdeckt, ist bei Alice Salomon schon Realität.

Sie setzt letztendlich auf nachhaltige Prävention sozialer Not durch Veränderung der gesellschaftlichen Voraussetzungen.

Die Veränderung der Gesellschaft ist für Alice Salomon allerdings kein politisches Anliegen im Sinne einer parlamentarisch-administrativen Arbeit.

Betrachten wir den Fokus, den sie für diese „Change-Management"-Aufgabe wählt, so fällt auf, dass ihre Herangehensweise im heutigen Sinne erstaunlich unpolitisch ist. Dadurch beeinflusst entstand ein Beruf, der sich auch der gesellschaftlichen Ursachen sozialer Probleme annimmt und auf die Notwendigkeit politischen Handelns hinweist.

LITERATURVERZEICHNIS

1.   Berger, Manfred: Alice Salomon. Pionierin der sozialen Arbeit und der
      Frauenbewegung. Frankfurt a.M. (Brandes & Apsel) 1998

2.   Boetcher-Joeres, Ruth-Ellen (Hg.): Die Anfänge der deutschen Frauenbewegung:
      Louise Otto-Peters. Frankfurt a.M. (Fischer Taschenbuch) 1983

3.   Hering, Sabine/ Waaldijk, Berteke (Hg.): Die Geschichte der Sozialen Arbeit in
      Europa (1900-1960). Wichtige Pionierinnen und ihr Einfluß auf die Entwicklung
      internationaler Organisationen. Opladen (Leske + Budrich) 2002

4.   Hervé, Florence (Hg.): Geschichte der deutschen Frauenbewegung. 3. Aufl., Köln
      (Pahl-Rugenstein) 1987

5.   Kuhlmann, Carola: Alice Salomon. Ihr Lebenswerk als Beitrag zur Entwicklung
      der Theorie und Praxis Sozialer Arbeit. Weinheim (Deutscher Studien Verlag)
      2000

6.   Muthesius, Hans (Hg.): Alice Salomon, die Begründerin des sozialen
      Frauenberufes in Deutschland. Ihr Leben und ihr Werk. Köln/ Berlin (Carl
      Heymanns Verlag) 1958

7.   Tühne, Anna/ Olfe-Schlthauer, Rina (Hg.): FrauenBilderLeseBuch. Reinbek bei
      Hamburg (Rowohlt) 1985

Lightning Source UK Ltd.
Milton Keynes UK
UKRC010744180119
335763UK00001B/15